This Notebook Belongs To

www.ingramcontent.com/pod-product-compliance
Lightning Source LLC
LaVergne TN
LVHW060209080526
838202LV00052B/4210
* 9 7 8 3 6 1 5 8 1 0 6 9 1 *